LYRIKEDITION 2000

begründet von Heinz Ludwig Arnold †

Allitera Verlag

LUDWIG STEINHERR, geboren 1962 in München, studierte Philosophie und promovierte über Hegel und Quine. Er lebt als freier Schriftsteller in München. Für seine bisher zehn Gedichtbände erhielt Steinherr mehrere Auszeichnungen, so den Leonce-und-Lena-Förderpreis, den Evangelischen Buchpreis und den Hermann-Hesse-Förderpreis. Seit 2003 ist er Mitglied der Bayerischen Akademie der Schönen Künste. Seine Gedichte wurden vielfach übersetzt.
Zuletzt erschien von ihm in der Lyrikedition 2000 »Kometenjagd« (2009) und in England der zweisprachige Auswahlband »Before the Invention of Paradise« (Arc Publications, 2010).

In der Lyrikedition 2000 von Ludwig Steinherr außerdem: »Fresko, vielfach übermalt« (2002) , »Hinter den Worten die Brandung« (2003), »Musikstunde bei Vermeer« (2004), »Die Hand im Feuer« (2005) und »Von Stirn zu Gestirn« (2007).

Ludwig Steinherr

Ganz Ohr

Gedichte

LYRIK
EDITION
2000

Weitere Informationen über den Verlag und sein Programm unter:
www.allitera.de

Weitere Informationen über die Lyrikedition 2000 unter
www.lyrikedition-2000.de

Mai 2012
Allitera Verlag
Ein Verlag der Buch&media GmbH, München
© 2012 Buch&media GmbH, München
Umschlaggestaltung: Kay Fretwurst, Freienbrink
Printed in Germany · ISBN 978-3-86906-333-1

Geheime Welt

Geheime Welt

Schalt das Licht aus
und im Finstern beginnt die Mega-Party –

Was sie nun treiben
Sessel Couchtisch Bilder Regale
kreuz und quer –

mystische Besäufnisse
metaphysische Orgien von denen du
keinen Schimmer hast –

Nur wenn du schlaftrunken noch einmal
ins Wohnzimmer taumelst
den Schalter berührst –

Der entgeisterte Blick der Stehlampe
als hätte sie sich eben noch
durch Sonne Mond und Sterne geknutscht
mit einem Erzengel

Der Garten nachts,
wenn er unbeobachtet ist

Die Stunde da alle Büsche
euphorisch zu duften beginnen
nach dem vergessenen Frauenschal auf der Terrasse

Die Stunde da die Ameisen Funkkontakt suchen
zu dem Stern der sie fernlenkt

Die Stunde da der Herzschlag in den Bäumen aussetzt
-----
bis sie ein Katzenschrei reanimiert

Die Stunde da von allen Zweigen
Liebeszauber regnet und nur das Gras und die Käfer
verrückt macht

Die Stunde da die ersten Zeitungen eintreffen
noch feucht von schwarzem Blut – und jeder Buchstabe
ein apokalyptischer Reiter

Die Stunde da der Totengott Anubis
seinen Schakalskopf durch die Zaunlatten zwängt
und sein Revier durchstreift

WÄHREND ICH SCHWARZEN KAFFEE KOCHE

Dieser Nachmittag ist eine Fliege
eingesperrt in Caravaggios Kopf –

Ich höre sie brummen
Eine prachtvolle hoffärtige Schmeißfliege
wie nur das Barock sie gebar:
schillernd in allen Facetten der Sünde –

Sie nippt am gemalten Weinkelch
saugt an der blassen Brustwarze
des jungen Bacchus – leider vergeblich

Sie kriecht über den kahlen Schädel Abrahams
jetzt übers Dekolleté der Judith
als folgte sie dem Blutgeruch
von Meuchelszene zu Meuchelszene –

Schon fliegt sie weiter
tiefer ins Dunkel des verwinkelten Ateliers
verirrt sich zwischen all die aufgespannten Leinwände:
rasende Entwürfe
leuchtende Szenen die es noch gar nicht gibt
Bilder die Caravaggio nie malen wird
und die doch da sind –

wie die Fliege die keiner sieht
nur ihr tiefes Brummen ist zu hören
wie sie weitertaumelt
von Licht zu Dunkel
von Dunkel zu Licht
sturzbesoffen
vom betörenden Geruch
der schlachtfrischen Farbe

Im Dunkeln dein drittes Schulterblatt

Ankunft, zu früh

Einen Augenblick!
sagt die babylonische Sklavin am Empfang
Ihr Zimmer ist gleich so weit!

Und in Windeseile wird das Liebeslaken
von Heloise und Abaelard ausgewechselt

Agamemnons Blut aus der Badewanne gespült –

Hans Castorps Zigarrenstummel verschwindet im Müll –

Die Papiertaschentücher
voller Sputum der Kameliendame
und die zerknüllten Notenblätter von Verdi
landen im selben Plastiksack –

Eine Hand rückt den *Lapis Niger*
als Briefbeschwerer zurecht –

Auf dem Kopfkissen
mit dem Kaiser Tiberius erstickt worden ist

prangt ein Pralinenherz –

hübsch plaziert
von dem zwinkernden Zimmermädchen
Kassandra

Im Museum und danach im Regen

I
Saftige Melonenstücke
die aus der Nähe ein Spinnennetz
von Rissen durchzieht
und Frauengesichter in Goldrahmen:
sie alle tun so
als ginge der Tod sie nichts an –

Wir baden unsre Augen
in ihrem abgewandten Glanz –

Aber das Parkett schreit auf
bei jedem Schritt
wie ein Schwerkranker
den die leiseste Berührung schmerzt

II
Als wir ins Freie treten
berühre ich deinen heißen Nacken –

Dieser Augenblick fällt
wie ein Quecksilberthermometer

fällt in Zeitlupe
und zerbricht –

überall rollen
die silbernen Kügelchen

unmöglich
sie einzufangen

mit bloßen Händen

so gleißend
so vipernflink

rollen sie und
teilen sich unendlich

rollen in
Ritzen und Spalten

auf Nimmerwiedersehn

für Katrin Sonnenschein und Hannes Fricke
zum 15. Oktober 2010

SAKRALE DÄMMERUNG

Seit wann hat dein Schweigen
diesen sanften S-Schwung einer gotischen Madonna
der das Kind fehlt?

Seit wann sprießt aus deinen Schultern
und Schenkeln und Brüsten
Locke um Locke
und bedeckt deine fröstelnde Nacktheit
mit einem zarten Flaum
wie beim Haarwunder der Heiligen Agnes?

Lindenholzduft entströmt deiner Haut
Unsichtbare Engel erheben dich
weit über meinen aschgrauen Scheitel –

Ich will dich anrufen
aber ich stehe eingemauert
in diesem Halbdunkel –

aus meinem steinernen Mund
wachsen nur steinerne Ranken und Blätter
und allerlei seltsames steinernes
Getier

Seitenkapelle

Ihr stummen Märtyrer
gefesselt geknebelt von euren
blutrünstigen Legenden –

ihr Gehäuteten Gerösteten Entdärmten –

plaudert mit mir!

Heilige Agatha von Catania –

vergiß für einen Augenblick
deine abgeschnittenen Brüste
die du auf einer Servierplatte
wie zwei Kuchen vor dir herträgst

und erzähl mir von deiner Kindheit
vom Thymianduft der Schatten
und von deiner ersten Muschelkette –

Laß ein einziges Mal nur
den Schleier aus deinem Grab wehn
nicht weil ein Vulkan ausbricht

sondern einfach so –

aus Freude

NACKT

Ich habe im Dunkeln
dein drittes Schulterblatt ertastet –

Ich habe das Muttermal entdeckt
tief in deinem Gaumen
die blutrote Hostie –

Ich weiß jetzt: dein kleiner Fingerknöchel
ist ein venezianischer Giftring
ich habe ihn leergesogen
doch ohne zu sterben –

Ich habe das Knistern deiner Seele gehört
als sie sich im Morgengrauen
über den schlafenden Körper erhob
und in den Türspalt trat
fröstelnd –

Nackt stehst du vor mir

und flüsterst mir dein tiefstes
Geheimnis zu –

Ich wußte es immer:

Du bist unsichtbar!

RÖMISCHER NACHTSPAZIERGANG

Diese Dunkelheit
so weich so saugend:
ein Überfall –

Blütenduft setzt mir hinterrücks
sein Rasiermesser an die Kehle –

So leicht könnte man sterben!

Der Typ dort drüben der Phallussymbole
an die Wände einer geschlossenen Taverne sprüht
ist Catull –

Er will sterben!

Denn drinnen sitzt Lesbia
gurrend zwischen ihren tausend Lovern
und vergnügt sich
hinter vorgehaltenen Läden –

Manchmal hört man sie leise kichern!

Oder ist das nur Wahn –
ist sie längst über alle Berge
wälzt sie sich in einem andern Bett –

und im Dunkeln halten
nur die Tische
und hochgestellten Stühle
ächzend
ihr metaphysisches
Nachtgespräch?

Dein Foto im Flugzeug betrachtet

Mit jeder Luftmeile zwischen uns
wird dein Teint ätherischer
entschwindest du tiefer
ins Atelierlicht des 19. Jahrhunderts –

Welche Apotheose!

Du erhebst dich
wirst erhoben zu ihnen
den ernsten blassen Göttinnen der Daguerreotypien
die in der unsichtbaren Galerie
dieses Januarabends verdämmern –

Frauen mit so fernen Augen
als glaubten sie an Mesmerismus
Lavendelkissen und Platons Ideen –

Sie sitzen gerade weil sie Kerzen halten
Auf ihre Scheitel fällt Schnee –

Alle träumen sie dasselbe:
Mitten in einer rauschenden Ballgesellschaft
als einzige nackt zu sein –
jeden Augenblick könnte es einer bemerken!

Dabei stecken sie eng geschnürt in ihren Korsetten hinter Glas
sie können kaum Luft holen

Doch ein geträumter Blick
auf ihre geträumte Nacktheit
läßt die Kerzen erbeben in ihren Fingern
und leckt ihre tausend Röcke in Brand

Reglos sitzen sie
in Flammen
und können sich nicht rühren –

reglos sitzt du jetzt
lichterloh lodernd unter meinem Blick
im dunklen Rahmen

starrst stumm auf die eisigen Winterwolken
vorüberjagende Heere des 19. Jahrhunderts

während du am Flugzeughimmel
vor meinen Augen als Komet
in göttlicher Nacktheit verglühst

SPUREN

Wir haben kaum ausgetrunken
da betritt schon die Spurensicherung das Zimmer –

Jeder Blick jede Geste
eben noch frei im Raum schwebend
wird eingesammelt etikettiert
Lippenstift auf Vokalen fixiert
Die Pinzette zieht Konsonantensplitter
aus einer Serviette
Blutpartikel auf einem Hauchlaut
erscheinen unter der Lampe
in bläulich fluoreszierender Mystik
Selbst verschwiegene Träume
hinterlassen Fingerabdrücke
die jetzt der zärtlich überstäubende Pinsel
ans Licht bringt –

Ach, nur ein Narr kann glauben
eine verlorene Wimper bliebe unentdeckt
ein Spiritus asper hätte keine Folgen
vor der fanatischen Justiz
dieses Kosmos!

Museum der schönen Ideen

Schaufenster mit alten Leicas

Ihr archaischen Höllenmaschinen
böse lauernd –

Bis euer einziges Krokodilsauge
zuschnappt
und den nächstbesten Moment verschlingt –

In die Unterwelt hinab schlingt ihr ihn
kopfüber in den schiefesten Orkus
in die verkehrte Welt
des Negativs –

Da sitzen wir zu Tisch
beim Totenmahl
schwarze Gesichter
gespenstisch grinsend
von weißem Haar umlodert
unter schwarzem Aschenhimmel –

Nur schwärzeste Kunst kann uns retten
okkulte Riten
bei rötlichem Schimmer –

daß wir schließlich doch
als fröhliche Gesellschaft
aus dem Entwicklerbad auftauchen –

triefend euphorisch

dem Hades entrissen

Museum der schönen Ideen

Ich betrete es nur für Sekunden –

um einen Blick zu werfen
auf dieses einzelne Achselhaar der Aphrodite
das sich wie ein ekstatisches Zeta kräuselt

oder auf den kleinen Zehennagel
des Jesuskindes
in einer mittelalterlichen Miniatur –

Dann fliehe ich rasch in den Innenhof
der immer still ist und kühl
und schmauche
eine streng verbotene Zigarre

bis mir der Rauch
die Tränen in die Augen treibt

Schneesturm, nachts

Gewimmel im Scheinwerferkegel –
Milliarden rasender Spermien
wetteifern um eine Eizelle
die es nicht gibt –

Sie alle stürzen ins Leere
ins All geschleudert von einem
vor Zärtlichkeit schlaflosen Logos –

Sie werden nichts befruchten
Sie werden aufgeleckt
von der endlosen schwarzen Straße –

Andere aber liegen
fast ohne Berührung
weiß kalt rein
wie die Fliesen der Klosterkapelle

harren aus
eine Nachtfahrer-Ewigkeit lang

bis das erste Licht
die *Laudes* anstimmt

Schwarzmaler

Du
der du schlaflos liegst in deinem Bett
wie auf den Brettern eines schwankenden Gerüstes
über dem Abgrund einer finsteren Kathedrale –

Du
der du den Pinsel aus den Wimpern Kassandras
in die Asche Trojas tauchst
und benetzt mit einem Blutstropfen
des gegeißelten Christus –

Du
der du deine schwarzen Fresken
auf die schweißfeuchte Stirn der Zimmerdecke malst
apokalyptische Szenarien
Invasionen Börsencrashs Vulkanausbrüche
schellenklingende Prozessionen
in den Abgrund –

Du Nicht-Liebling der Menschen und Götter!

Kein Kind läßt den Ball liegen
und starrt dir atemlos über die Schulter –

Keine Meise flattert herbei
um an deinen giftschwarzen Früchten zu picken –

Nur der Adler des Prometheus
besucht dich pünktlich
und hockt sich auf deine Brust

und sein Schnabel ist
schwarz schwarz schwarz

und spitz

wie dein Pinsel

WEISSMALER

Du brauchst keine Leinwand
und keine Farben!
Als Pinsel genügen dir
die eigenen Wimpern!
Jedes deiner Werke entsteht
in einem einzigen Lidschlag –
Günstling der Götter!
Du spazierst durch
die endlosen Werkstätten dieses Morgens
und gehst durch weiße Wände –
nichts hält dich auf!
Ein Renaissance-Papst würde dir den Spiegel halten
zum Selbstporträt!
Im weißesten Bett erwartet dich deine nackte Mätresse:
das Licht!
Unzählige Bastarde hast du mit ihr gezeugt
die leider allesamt
Schwarzmaler werden

Im Bamberger Dom

Das steinerne Mädchen
mit den sanften Locken
und dem Kleid das auf der Haut klebt
wie nach einem Platzregen
ist die *Synagoge* –

Eine Augenbinde trägt sie
weil sie blind sein soll für die Wahrheit –

Dies müßte ein Gedicht werden
über Pogrome und Feueröfen –

Aber leider kann ich nur
an die verstaubte Varieténummer denken
bei der die Hellseherin auf der Bühne
mit verbundenen Augen
alles errät was dieser Sommermorgen
als ihr Assistent mit Lichtfingern
aus meinen Taschen zieht –

eine Rückfahrkarte nach München
einen *Caran d´Ache* Druckbleistift
7 Euro 38 in kleinen Münzen
und ein begonnenes Liebesgedicht

das sie mit ihrer verhangenen Regenstimme
halblaut vorliest Silbe für Silbe
als wäre es
für sie geschrieben

Giorgio de Chirico

Das Haus hat kein Dach
Es gibt keine Sterne

Das Licht – eine hauchdünne Schicht
von Blütenstaub
angestäubt über das Mobiliar
dieses verlorenen Nachmittags –

Oder ist schon Nacht
und wir wissen es nicht?

Im Stockwerk über uns
wankt die blinde Marmorgöttin
von ihrem Sockel –

ohne Arme tastet sie sich
durchs Gerümpel
des nächtlichen Kosmos
des schiefesten Orkus
blind wie Getier am Meeresboden
sie stößt überall an
faßt mit ihren nichtexistierenden Fingern
in Glasscherben Rasierklingen
Sie stürzt schwer –

Wir hören es
und können ihr nicht helfen –

Wir sitzen selbst im Finstern
auch wenn es hell ist –

Wir dürfen uns nicht rühren
nicht einmal atmen!

Der Blütenstaub vage wie ein Kindheitsduft –

Ein Atemzug und er weht fort –

Die Kerze des Geistes ist ausgeblasen –

Schon steigt die Nacht
in unser Stockwerk herab –

Schon sind wir blind –
Götter
ohne Arme im Finstern

Das Sinnliche das Abstrakteste ...
(Hegel)

Wir Fanatiker der Abstraktion!
Wie abstrakt ist dieses Glas Wein
mit Spuren deines Lippenstifts!
Wie abstrakt ist der Schluck Merlot am Gaumen!
Wie abstrakt die Hühnerkeule an der du nagst!
Wie abstrakt der erste Regentropfen der jetzt deine Stirn berührt
und jener der durch die Bluse deine Brust streift!
Wie unendlich abstrakt ist
unser unersättlicher Kannibalismus
mit dem wir uns ineinander verbeißen
wie rasend rasend abstrakt
dieses Sekundenstreichholz
am atmenden Körper angerissen –

Dabei stehn wir jetzt schon wieder
unter der konkretesten Dusche
im tosenden gischtenden
Wasserfall des Absoluten
der unseren Durst stillen könnte
auf ewig –

wenn ich unheilbarer Fetischist des Abstrakten
nur nicht schon wieder
diesen einen
abstrakten Tropfen
ablecken wollte
von deiner allerabstraktesten Schulter!

Der Bildhauer sagt

Ich habe die Anatomie der Schatten studiert –

Zahllose Götter lagen auf meinem Seziertisch –

Wußten Sie
daß jeder von uns ein Organ besitzt
mit dem wir die Stille der Steine empfangen?

Irgendwo zwischen Schlüsselbein
und drittem Auge wandert es ständig –

Seine Gestalt erinnert
an einen verlorenen Seidenschal
auf einem Herbstpfad
der seiner Existenz nicht ganz sicher ist

Die Farbe – schwer zu sagen!
Sie changiert von unsichtbar zu violett –

So – ja, genau so wie der Schal
der gerade von der Lehne
Ihres Schweigens gleitet
und fortweht
schwerelos
durch Orkus und Licht

für Josef Alexander Henselmann

Geisterbahn mit lebenden Gespenstern

HERBST-SCHOCK

Was für ein Wahnsinn!
Der Ahorn hat sich direkt
vor unserem Fenster
mit Benzin übergossen
und angezündet!

Keine Ahnung
wogegen er protestiert!

Ignoriert ihn einfach!

LOKALISIERUNG

Wir leben an der Peripherie
im grünschattigen Vorort des Leides
wo Eichhörnchen auf den Briefkästen sitzen
und nur die Schlaftabletten
schlaflos ins Leere starren –

Von hier fährt der Finger bebend
über den fleckigen Stadtplan
über Fabriken
rauchende Müllhalden
Krebsstationen
Schlachthöfe Slums
und Kasernen

zum Zentrum

das immer
in Flammen steht

wo sich schwarze
Körper lautlos
krümmen
wie Wespen
auf der Herdplatte

FINALE

Jetzt
hat sich der schwarze Kasten
über dir geschlossen –

Jetzt
tritt der große Illusionist auf

Schwert um Schwert
zieht er aus dem durchbohrten Herzen
der schmerzensreichen Madonna
in der Seitenkapelle

und stößt es durch den Kasten
Klinge um Klinge –

Die gelangweilten Bäume hinter den Kulissen
der heiter tuschelnde Regen
sie wissen:
Das ist nur ein Trick!
Ich werde dich wiedersehn!
Unversehrt wirst du am Ende der Vorstellung
aus dem Kasten steigen
mir lächelnd entgegenkommen –

Aber der Kasten ist schwarz –

Ich kann nur auf die Schwerter starren –

die blutroten Griffe
die gleißenden Spitzen

Bibliothek im Abendlicht I

O müde Stadt der Götter!
O staubige Pyramiden!
Opfer! Opfer verlangt ihr!
Sonst versinkt eure Welt –

Ich sitze allein unter der verdorrten
schwach funzelnden Sonne
der fünften Sonne mit dem runzligen Gesicht
die ihre Zunge
immer weiter herausstreckt
lechzend
nach Menschenblut

Jüngstes Gericht

Der Komet stürzt lautlos in Zeitlupe –

Es ist sehr hell und riecht nach Feuer –

Überall Hysterie und Gedränge:
Dateien löschen! Akten verbrennen!
Blut mit Feuerwehrschläuchen
aus Kellerzellen spritzen!

Ich zerknülle mein Blatt
und stecke es in den Mund –

Was darauf steht weiß jeder –

Aber ich schlinge und schlinge

Auge in Auge
mit dem Kometen

der so langsam stürzt

als stünde er reglos
im Himmel

Kassiopeia legt den Finger auf die Lippen

Hast du je eine Pappelallee gesehn
die so mucksmäuschenstill steht?

Sie lauscht

In der Stunde der Hinrichtung
kommen die Wärter auf Filzpantoffeln geschlichen –

Keiner weiß den Moment
aber jeder kennt das Gerücht

So lange man Absätze auf dem Pflaster hört
besteht keine Gefahr

Doch jetzt ist es schon sehr lange still

Die Pappeln lauschen

Macht Lärm!

Bloß keine Träume!
Keine Filzpantoffeln!

Geisterbahn mit lebenden Gespenstern

Auch an diesem milchweißen Herbstmorgen
geht die Fahrt weiter –

Das Licht sieht nur durch Schattenfinger –

Ich versuche mir die Bäume
ohne Masken und Bärte vorzustellen –

Gesichter die mir entgegengleiten
sind von Kälte verzerrt –

Das Universum von außen betrachtet
ist winzig und unscheinbar wie ein verlorener Handschuh

und dennoch irren wir
in seinen gekrümmten Fingern herum
als wäre die Finsternis endlos –

Die den Ausgang finden
sind grau vor Entsetzen
oder hatten die ganze Zeit über
die Augen geschlossen

Gunfight at the OK Corral

1881 –
im fernen Paris sinniert der zehnjährige Proust
über den Geschmack einer Madeleine in Lindenblütentee
und erleidet beim Spaziergang
mit den Eltern im Bois de Boulogne
seinen ersten Asthmaanfall –

Da bestücken Wyatt Earp, Doc Holliday
und die anderen
die Trommeln ihrer Colts
Kammer um Kammer
mit eschatologisch blinzelnden
45er Patronen
und spazieren in staubigen Stiefeln
die endlose Straße hinab

unter einem Himmel
so metaphysisch durchscheinend
wie in der Sistina der Himmel des
Jüngsten Gerichts –

30 Sekunden – 30 Schüsse

Drei Männer im Sand
blutüberströmt
mit der Gewalt von archaischen Götterblitzen
aus dieser Wirklichkeit
in eine andere geschleudert –

Jeder von ihnen
unendlich entrückt
zwischen bleckenden Zähnen
einem Geschmack nachschmeckend
unendlich seltsamer
als der einer Madeleine
in Lindenblütentee –

Le temps perdu –
Le temps retrouvé –

Während die Pragmatiker der Metaphysik
unter dem apokalyptischen Himmel der Sistina
in dem Proust gerade mit dem Opernglas
die müden Augen der Zephora studiert
die leeren Hülsen ausstoßen
in den blutigen Sand
und die Trommeln ihrer Colts
Kammer um Kammer neu laden
mit gleißenden Götterblitzen

Bibliothek im Abendlicht 2

Eben noch sprach der Meister zu mir –

flüsterte im Vorüberstreifen ein Wort
daß mir schwarz wurde
vor Licht –

Jetzt ist der Meister gestorben –
hat sich aufgelöst in einen Haufen
verwesenden Fleisches –

Wie konnte er das tun?

Ebenso hätte er
einen Papierhelm aufsetzen können
und auf allen vieren
jaulend herumkriechen –

und ich sitze da
versuche mich an das Wort zu erinnern –

die Finger in den Ohren

um nichts zu hören vom bestialischen Geheul
des Meisters

Dunkler Herbstnachmittag –
flüstert ein Dämon mit mir
oder ist das meine eigene Stimme?

Innenwelt und Außenwelt
nicht zu unterscheiden –

Die Seele liegt auf dem Tisch
als umgestülpter Handschuh –

Eine scheinträchtige Hündin
geistert durchs Haus
sie sucht ihre imaginären Jungen
und leckt sich winselnd
die Milch von den Zitzen

Vielleicht Gold

Dieser Novembernachmittag schaut mir zu
wie ich Tee in eine Büchse fülle
Schaut mir zu mit den großen
dunklen Augen eines kleinen Mädchens

Ich weiß nicht – ist sie stumm
oder will sie nicht sprechen?

Ihre Hände versteckt sie hinter dem Rücken
als hätte sie etwas gestohlen
oder hielte ein Messer –

Vielleicht hat sie keine Hände?

Vielleicht ist sie nur scheu
und könnte Stroh zu Gold spinnen?

Aber sie schweigt
und schaut reglos über meine Schulter
in die Dämmerung

wo die Ahornwipfel
wie Wahnsinnige gestikulieren

NACHTREGEN

Schwarze Klecksographie
Bild um Bild –

Wird das ein Rorschach-Test?

Ich versuche etwas zu erkennen –

Die Gondel gleitet führerlos
die beiden Gondolieri sind eingenickt
in ihren Wintermänteln –

Der Stern sieht sich im Spiegel
als Dämon –

Alle Organe der Stille
sind paarweise angeordnet
wie Staubblätter in einer Blüte –

Ist das nicht wunderbare Fügung?

Aber der unsichtbare Analytiker
gibt keinen Laut von sich –

Vielleicht schläft er
hinter der irrlichternden Brille
vielleicht hat er längst
den Weltraum verlassen –

Nur sein gewaltiger
schwarzer Füller
liegt noch auf dem Tisch
mit gleißender Goldfeder
und tropft
und tropft

Lied in allen Dingen

Zu viele Stimmen sind in der Luft
und sprechen durcheinander –

Selbst die bewußtlosen Steine regen sich
zucken mit den Lidern

Hat Gott ihre Narkose heute
zu schwach dosiert?

Ihr Gemurmel
zu bestürzend zu obszön
um nicht die Wahrheit zu sein –

Heraklit hält sich die Ohren zu
doch er versteht jede Silbe

NOVEMBERNACHT

Wer hat die Straßenlaterne zerschlagen?

Gibt es keinen Stern hier?

Einst kreuzten Seeleute
quer über den Himmel
weil die Welt so finster war
und der geifernde Ozean
wild und voller blutrünstiger Ungeheuer –

Jetzt schäumt dort oben dasselbe Chaos –

Vielleicht sind die Seeleute ertrunken?
Vielleicht sind sie längst angekommen?

Ab und zu
schicken sie Postkarten –

Aber seltsam:
alle in meiner Handschrift!

UNBERÜHRBAR

Ein Winterabend – dunkel wie jener
als ich meine Puppe zum Puppendoktor trug –

Die ist ja nackt bei der Kälte!
schrie eine Mädchenstimme

Als ich die Tür aufdrückte
schepperte eine Klingel
als hätte ich in einem Feenpalast
alles Geschirr zerschlagen –

Der Puppendoktor mit Beinprothese
und Glasaug
beugte sich von seinem gewaltigen Thron
ächzend zu mir herab –

Halb gehörte er selbst zu dem Götterhimmel
der in den Regalen aufgereiht stand
starren Blicks –

Mit einem Ruck riß er
das herabbaumelnde Ärmchen ab
und hielt es wie ein Menschenfresser
Dann schleppte er die Puppe in seine Höhle –

Ich weiß noch
aus ihrem weißen Torso
wehte etwas heraus –

etwas das aussah
wie die schmutzigen Schneeflocken
jetzt vor der Scheibe
so verloren so hilflos

und das ich nicht
zu berühren wagte

Orangen im Anrollen

ORANGEN IM ANROLLEN

1
Here comes the sun!

2
Sorry! Aber wir sind nun mal
die Sunnyboys der Schöpfung!

Falls ihr es nicht wißt:
»Optimismus« schreibt man
mit großem »O«

3
Wir werden den Teufel tun
uns für unsre perfekten Bodys
zu schämen!

4
Und merkt euch:
Wir wählen konservativ!

Der einzige Gott den es gibt
ist kugelrund und orange –

und besprüht sich heimlich
mit unsrem paradiesischen
Eau de Toilette!

5
Ihr tut uns leid
ihr schlackernden Marionetten
mit euren verrenkten Armen und Beinen –

immer sind eure unsichtbaren Fäden verwirrt
zu einem Gordischen Knoten
den ihr Geist nennt!

Kein Wunder
daß ihr an Alpträumen leidet
und mit Ockhams Rasiermesser
nur die eigenen Fäden abschneidet!

Wir haben keine Angst
vor dem Obstmesser
und lecken genüßlich die Klinge
die uns schält!

6
Sogar aus dem Sex macht ihr
eine Klausur in euklidischer
und nicht-euklidischer Geometrie –

All diese Winkel Symmetrieachsen Parabeln!

Wippende Sinus- und Cosinus-Kurven –

Glaubt uns!

Alles was die Lust will
ist ein prall aufgepumpter
leuchtender Ball!

Wir sind die perfekten Kugelmenschen
von denen Aristophanes schwadroniert!

Wir wissen was Selbstliebe heißt!

By the way:
Auch »Orgasmus« schreibt man
mit ganz großem »O«!

7
Tut nicht so erhaben!

Wenn ihr uns stecht – bluten wir nicht?

Aber selbst unser Blut
ist sonnengelb –
und dazu eine Vitaminbombe!

Schleudert uns auf Lastwagen
pfercht uns in dunkle Container
zwängt uns in Kisten und Netze
viertailt achtelt zerstückelt uns
zerquetscht uns in der Saftpresse –

Wir strahlen!

Strahlen
bis die Erzengel heulen und applaudieren!

8
Seid ehrlich:
Beim kosmischen Finale
Masse Mensch : Masse Orange –

Wem jubelt das Licht zu?

9
To be or not to be –
für uns kein Problem!

Gebt Hamlet statt dem Totenschädel
eine Orange in die Hand!

Sterben?
Okay! Wir sind bereit!
Let's go!

Das ist für uns nur ein gewaltiger *Push* –

schon rollen wir
quer über Gottes ewigen Golfplatz

Schneewendeltreppe

NACHMITTAGSVORSTELLUNG

Du kamst
geheimnisvoll
wie die Assistentin des Magiers

den Finger auf den Lippen

strecktest dich aufs Bett aus
so gedankenverloren
so entrückt

daß dein Körper sanft
zu schweben begann –

Eine unsichtbare Hand
bewegte einen goldenen Reifen um dich –

und in der nächsten Sekunde
warst du verschwunden –

Jetzt irre ich
durch die dämmernden Kulissen dieses Abends
suche nach dir zwischen Spiegeltüren

während mir
aus allen Taschen Knopflöchern Ärmeln
die betörendsten
Wunderblumen sprießen

Wohnstatt des Geistes

Lieber Ludwig Wittgenstein
dir schwebte ein Baumhaus vor
als VIP-Lounge für unsterbliche Götter
ins Nichts gehängt –

ohne Baum natürlich
und die Leiter stößt man einfach um –

Aber der gehetzte rastlose Geist
haust in Ruinen –

Blitze schlagen die Scheiben ein
Unkraut durchwuchert den Estrich –

Ja, die Wohnstatt des Geistes
ist immer *a haunted house* –

Im Speicher rappeln Marder
dröhnen Hornissennester –

Da ist ein Grollen von Totenkopf-Kegelkugeln
und die Brandung eines Meeres
das es gar nicht gibt –

Im halbdunklen Abendzimmer
sitzt reglos Orest
zu Granit erstarrt
beim Ticken der Uhr
das blutige Schwert auf den Knien
und wartet auf die Erinnyen –

Und wenn ich Glück habe
besucht mich in Mondscheinnächten
die *White Lady* –

Nie weiß ich
ist sie nun Welle oder Korpuskel
oder ein verliebter Traum –

Nie seh ich sie ganz
immer nur aus den Augenwinkeln
wie ihr Absatz
ihr Handschuh
ihr knisternder Rocksaum

um die nächste Ecke
verschwindet

Chapeau claque

Diese Winternacht
zaubert uns aus dem *Chapeau claque* –

Natürlich auch anderen Unfug:
weiße Kaninchen massenweise
und weiße Panther
die leider die eben gezauberten
Kaninchen fressen
da kann man nichts machen –

Jedenfalls schneit es
auf unsere bloßen Scheitel
Wir frieren nicht
weil wir nur Astralleiber sind

Dafür können wir fliegen
und durch Wände gehn

Arm in Arm, atemlos
laufen wir die Schneewendeltreppe hinauf
im Gehirn des Träumers
der uns träumt

immer rascher
weil die Stufen brennen
und die Schneepanther uns verfolgen

Sie werden uns fressen
da kann man nichts machen –

Aber wir sind sehr schnell

Die weißen Krallen
streifen unser Haar
nur so sanft

daß wir lachen

Erscheinung

Wann ist sie dort eingezogen?

Ihr windschiefes Haus
das lange nur Geister bewohnten
liegt auf der anderen Seite des Flusses

Sooft ich ans Fenster trete schau ich hinüber –

Ich denke mir Namen aus:
Aurora Ruth Penthesilea

Nie seh ich sie deutlich
immer nur ihren tanzenden Schattenriß
für Sekunden –

Manchmal wippt noch der Schaukelstuhl
auf ihrer Veranda –

Heute liegt neben der Treppe ein Buch
mit vom Nachttau gekrümmtem Deckel
purpurn wie ein aufgespießter Falter –

Oder schläft dort tatsächlich ein riesiger Falter
wie ein aufgeklapptes Buch?

Vielleicht ist sie blind
und modelliert nachts an einem überlebensgroßen Apoll?

Vielleicht züchtet sie goldene Pfeilgiftfrösche?

Wenn sie Cembalo spielt
verschluckt die Strömung alle Töne –

Ich bin mir sicher daß ich sie gestern barfuß
auf dem Dachfirst schlafwandeln sah –

Natürlich ist sie nur meine Erfindung –

Aber auch der Fluß
der je nach Licht an den Mississippi
oder den Tiber erinnert
ist nur meine Erfindung
auch das Fenster
und sogar dieser atemlose Augenblick
als jetzt ihre Hand im Türspalt erscheint
und ein Schälchen Milch hinausschiebt
für ihren unsichtbaren Freund
den Puma

Mond, dunkle Seite

Die Stille schickt mir Pakete
Tag für Tag immer größere –

Natürlich leer –
Nur hallender Raum ist darin und Schatten
in den ich mich beuge
wie in eine Kathedrale –

Ein einziges Mal fiel aus einer Kiste
ein Strohhalm Licht –

Wie das Überbleibsel
eines Lichtballens in den
wer weiß
etwas verpackt gewesen war –

Etwas sehr Kostbares
sehr Zerbrechliches
(aber was?)
das ein anderer
(aber wer?)
in derselben Kiste
der Stille geschickt hatte –

Dieser eine Lichthalm
läßt mich nicht schlafen

Immer denke ich an ihn

Der schwarze Bleistift

Da liegt er –

Kreuzesnagel
Taktstock des Schattendirigenten
Sarg für den nächstbesten Nachmittagssonnenstrahl
Kiel eines Phaiakenschiffes auf Traumkurs –

Wag bloß nicht ihn anzusprechen!

Geheimlehre

Die Schule zu der ich meine Tochter begleite
ist ein Tempel für Riesen –

Ich selbst werde auf den archaischen Stufen
zum Käfer der ein Käferkind führt –

Die glänzenden Hallen
hören jedes Flüstern –

Von ferne rauschen Litaneien –
Keiner weiß zu welcher Gottheit –

Später erst
wenn ich zurückkehre
wenn es still ist
wenn die Nachmittagssonne die leeren Gänge
mit Weihrauch durchströmt

erscheint vor ekstatischen Fenstern
die große Kastanie

und enthüllt ihre Mysterien

Das grosse Geheimnis

Flammender als die Lichtgesänge Zoroasters –

Tiefer als das Schweigen des Thomas von Aquin –

Meine Tochter flüstert es
meinem Halbschlaf ins Ohr
die Hände zur Muschel gepreßt
ihr Haar eine elektrische Aura
die mich umlodert
ich verstehe kein Wort
während ihr Atem
auf mein Trommelfell
winzige
goldene
Stecknadeln
rieselt

Ganz Ohr

Ganz Ohr

Gott – ich flüstre mein Gebet
in dein anderes Ohr –

Nicht in das gewaltige
steinerne Buddha-Ohr
das herabtropft
als müde Unendlichkeitsschleife –

sondern in dein winziges
bebendes Heuschreckenohr
das alles zugleich hören muß –

die Schreie der Massaker an der Elfenbeinküste
und im selben Augenblick
das sanfte mystische Knistern
wenn Rafaela sich das Haar ausbürstet –

Gott – ich weiß
daß du in Wahrheit
nur dieses eine Ohr hast
und daß jedes Gebet zu groß dafür ist –

Ich knie nieder
um in dein winziges
Heuschreckenohr zu lauschen –

und mein gischtender
tosender Herzschlag

wird von deinem
unendlichen Lauschen
erhört

STIMME

Sieh mich an!

Du verglühst nicht zu Staub wie Semele!

Ich bin nicht der Diktator
mit der blitzeschleudernden Sonnenbrille
dessen Namen nicht einmal
Ratten zu flüstern wagen –

Um meine Knie streifen keine Bluthunde –

Was du eben noch im Tempel der Venus
oder im Heiligtum des Mithras
an dampfenden Opfern gebracht hast
frage ich nicht –

Ich gehe durch die Straßen im Halblicht
in der seidenen Dämmerung
wenn die Schlachtbänke abgespritzt werden
wenn Kinder kreischend einem Ball nachjagen
und hebe eine zertretene
Feige auf –

Komm! Geh mit mir! Jetzt!

Die Ewigkeit
ist so rasch vorbei!

Skyline mit Blitzen, fünf Uhr morgens

Keins der polternden Sommerlustgewitter –

Das ist eine Hinrichtung –

Die Götter schalten den elektrischen Stuhl ein
für Prometheus –

Er wehrt sich
Stromstoß um Stromstoß –

Die Luft riecht nach versengtem Haar –

Etwas läuft schief –

Er röchelt
wehrt sich noch immer –

Die Hinrichtung wird abgebrochen –

Vertagt

Menschensohn

I
Für die Anfangsszene
hat Hollywood alle Rechte
Sternenhimmel in Cinemascope
Ein Steven-Spielberg-Komet

Könige mit herangezoomten Make-up-Gesichtern
Im Halbdunkel ein paar
Hirten-Statisten die verwirrt lächeln

Alle lieben Baby-Aufnahmen!

Der dämliche Ochse
beschlägt mit seinem Atem schon wieder
das Objektiv der Kamera

II
Vierzig Tage in der Wüste
Experimente mit Askese und Meditation
die scheitern

Keine buddhistische Erleuchtung –

Nur ein Spießrutenlauf der Versuchung

Satanas beschallt die Einöde
Tag und Nacht
mit seinen primitiven Rhythmen
bei aufgedrehten Bässen

III
Von nun an der Terminplan
eines Spitzenkandidaten im Wahlkampf
Handauflegungen wie Autogramme
Heilungen im Akkord
Rette uns vor dem Steuerpaket!
Hilf unsrer Freßsucht und Impotenz!
Die göttliche Wahrheit
im Interview zwischen Tür und Angel
Keine Sekunde Schlaf
in der nicht ein Orkan losbricht
ein Lynch-Mob beruhigt sein will –
Er stößt Wühltische um
übergießt sie mit seinem Geist und entflammt
ein Höllenfeuer:
Ihr Natterngezücht!
Dann umarmt er schluchzend den blinden Säugling
mit der Hasenscharte

IV
Augen wohin er kommt
Augen wie um einen brennenden Tempel
Alle wollen den Tempel einstürzen sehn –

Aber wer hat Ohren?

Die alternde Stripperin
die an der Clubtür lehnt –
Der Börsenmakler
dem gerade alle Aktienpakete
explodiert sind –
Die Quäkerin mit der schwarzen Haube
und dem unheilbaren Schluckauf –

Und natürlich das siebenjährige Mädchen
den kleinen Bruder an der Hand –

Schnurstracks werden sie
für ein Wort des Meisters
in die Arena laufen
und ihre schmächtigen Körper
als Löwenfutter anbieten
zu Neros Belustigung

V
Das Ende – Schande für jeden Stoiker!
Blutschweiß Röchelnde Panik

Gepeitscht von dem Blinden
der wieder sieht

Niedergeknüppelt von dem Lahmen
der wieder geht

Nicht einmal die Kakerlaken in der Folterzelle
scheren sich um seine Liebe

Im Schädel nichts als
Hämmern
Hämmern
Hämmern –

Zwei Balken
beweisen den Selektionsvorteil
des Nihilismus

VI
Das Aufräumkommando:
Schafft den Kadaver weg!

Desinfiziert die Straßen
von seinem heiligen Getue!

Spült seine erbärmliche Göttlichkeit
in die Kloake!

VII
Das Licht mit Löschkalk übergossen
Die Finsternis verplombt

VIII
Fortsetzung folgt –

in einem anderen
Universum

Strandspaziergang

Der große Morgen danach –
Das triumphierende
alles versöhnende Licht –

angespülte Cola-Dosen
Quallen Kondome

dazwischen
irr gleißender Kriegsschrott
fanatisch gezackte Sichelklingen
der ersäuften Ägypter

und zwei Schritte weiter
eine Babyrassel

Biblische Augustnacht

Kometen durchkreuzen den Himmel
mehr als du zählen kannst –

Im Hinterhof dumpfe Rhythmen:
sie tanzen ums Goldene Kalb
nackt und blutbeschmiert –

Unterdessen deckt Judith
auf dem Balkon gegenüber
mit klirrenden Armreifen den Tisch für sich
und das Haupt des Holofernes

Wie zärtlich liest sie ihm jeden Wunsch
von den rollenden Augen ab!

Das Brotmesser blitzt in ihrer Linken
während ihre Rechte ihn
mit Weintrauben neckt

Wir liegen träge auf dem Sofa:
Herodes und Herodias

Irgendein Prophet krakeelt seine Drohungen
sturzbesoffen in die Finsternis

Durch unsre Zimmer wälzt sich
die schillernde Schlange
vom Baum der Erkenntnis –

ein wenig gefährlich als Haustier

aber bislang frißt sie nur kleinere Dämonen –

ach ja! und gestern einen
deiner sündroten Schuhe!

Altbau

Zieh eine Ecke der kosmosblauen Tapete
mit den Paradiesvögeln ab –
schöne Bescherung!

Termitenbefall?
Alle Wände bestehen nur aus Termiten!
Ein einziges Atomgewusel!

Und dann erst das Parkett!
Bei jedem Schritt wimmert eine Fegfeuerseele!

Besser du schaust nicht unter die Leisten!

Die Reihe der Vormieter reicht bis zu Gilgamesch –
Schlachtfelder von Leichen
liegen unter deinen Füßen verfugt und verspachtelt –

Ganz zu schweigen von dem
manischen Höllenfeuer
das im Guckloch der Gastherme lodert –

Metaphysische Explosionen
als drohte das Jüngste Gericht!

Kein Fenster schließt richtig!
Durch alle Ritzen pfeift das Nichts –

Aber du kannst nicht gehn –
es gibt keine Treppe und kein Treppenhaus
die Langobarden haben sie verheizt –

Also trink in Ruhe deinen Kaffee
und hol dir ein Buch
aus der unendlichen finsteren Bibliothek –

auch wenn der Deckel sich krümmt
wie der Weltraum
und die Seiten fleckig sind
vom keuchenden Atem
der Toten

Nero singt

Und nur die Steine wagen es
mit den Zähnen zu knirschen –
Wir, das geübtere Publikum
haben längst unsere gefolterten Körper verlassen –
Das höllische Jucken, die unterdrückten Nieskaskaden
der Brechreiz, die berstende Blase
die elende eingefrorene Maske der Verzückung –
weit, weit unter uns
während die Seele durch höhere Wiesen der Langeweile
schweift –
Als Schulschwänzer schlendert sie durchs All
und durch den erstarrten Götterhimmel
malt Jupiter, der sich nicht wehren kann, einen Bart
schneidet Pluto mit dem Taschenmesser
die Nasenspitze ab
Dann kommt sie auf den Geschmack
und beginnt der Stille den bleichen Fischbauch aufzuschlitzen
und sie lustvoll auszuweiden –
Was kommt da nicht alles zum Vorschein!
Seltsames Gekröse wie bei einer Opferbeschau
nur daß daraus nichts zu lesen ist
absolut nichts –
außer daß die Stille endlos ist
daß sie nie nie nie endet
so tief du auch schneidest
Ewigkeitskutteln Äonengedärm –

Es klingt verrückt –
aber es gibt Augenblicke
da will ich wieder Ohren haben
und meinen gemarterten Körper –
da schießen mir die Tränen in die Augen
vor Sehnsucht
nach Neros Gesang

Nacht

Staub ist es zuletzt
der die Bibliotheken rettet –

Staub
aus dem wir stammen
in den wir zurückkehrn

in den der Finger schreibt
flammende Zeichen

Staub
der aufwirbelt unter dem Atem

Atomtanz
Planetentanz

unendlich viele Welten

auf jeder flüstert eine Schlange

auf jeder wird ein Erlöser gekreuzigt
und erhebt sich aus seinem Grab

Auferstehungsjubel
Staubengel tanzen

unter der Lampe

in der unendlichen Stille
in der unendlichen Nacht

der Bibliotheken

Glückskekse & Knallbonbons

GLÜCKSKEKSE & KNALLBONBONS

Die Langeweile ist ein goldener Drache. Füttern Sie ihn gut!

***

Wer ein Kartenhaus baut, darf sich nicht wundern, wenn das Mondlicht einzieht.

***

Überlassen Sie Metaphysik dem Salzstreuer!

***

Sie haben der Stille einen Zahn ausgeschlagen. Wie wollen Sie das gutmachen?

***

Wenn jemand Sie auf eine Schneeflocke einlädt – nehmen Sie an!

***

Verliebte leben von Glückskeksen – und lesen nicht einmal die Sprüche.

***

Wer mit Menschenfressern speist, sollte nach jedem Gang seine Finger nachzählen!

***

Die Lawine umarmt nur den, den sie liebt.

***

Sie schulden dem Licht noch einen Gefallen!

***

Jedes Dreieck ist einsam und küßt den eigenen Ellenbogen.

***

Auch der Herzschlag der Gabel beheizt das Universum.

***

Kakerlaken sind arroganter als Engel – und fast so unsterblich.

***

Mit etwas Ehrgeiz könnten Sie Knallbonbons verkaufen!

***

Folgen Sie Buddha nur, wenn das Reiskorn ihm zustimmt!

***

Die kürzeste Entfernung zwischen zwei Punkten ist Gott.

***

Mit Zahnstochern wurden schon Morde begangen.

***

Der Weise setzt sich an den Spieltisch nur, wenn er sicher ist, daß er verliert.

***

Hören Sie auf Ihren Regenschirm! Er versteht die Sprache der Schatten!

***

Wechseln Sie bei nächster Gelegenheit die Galaxie!

***

Wer einen Adler zum Abendessen bestellt, ist ein Weiser oder ein Angeber.

***

Sehen Sie einem Dämon in den Ausschnitt, aber nie in die Augen!

***

Sterne sind nüchterne Wesen, doch die Papierservietten träumen.

***

Werfen Sie einen Ziegelstein in die nächstbeste Scheibe – und merken Sie sich, wohin jeder einzelne Splitter geflogen ist!

***

Diese Fliege liebt Sie! Erweisen Sie sich als würdig!

***

Der Weise hält den Finger in die Kerzenflamme und plaudert weiter – in der Theorie.

***

Der Stuhl dort lächelt wie Buddha – wählen Sie bitte einen anderen Platz!

Mit einer Handvoll Schneeflocken kann man das Nichts bestechen – zumindest für einen Augenblick.

***

Verkehren Sie nur in Restaurants, in denen man Tische für Geister reserviert!

***

Haben Sie den Mut, dem nächstbesten Kometen hinterherzupfeifen!

***

Wir akzeptieren alle gängigen Träume.

***

Verlassen Sie dieses Lokal durch die Wand!

Inhalt

Geheime Welt

Geheime Welt · 7
Der Garten nachts, wenn er unbeobachtet ist · 8
Während ich schwarzen Kaffee koche · 9

Im Dunkeln dein drittes Schulterblatt

Ankunft, zu früh · 13
Im Museum und danach im Regen · 14
Sakrale Dämmerung · 16
Seitenkapelle · 17
Nackt · 18
Römischer Nachtspaziergang · 19
Dein Foto im Flugzeug betrachtet · 20
Spuren · 22

Museum der schönen Ideen

Schaufenster mit alten Leicas · 25
Museum der schönen Ideen · 26
Schneesturm, nachts · 27
Schwarzmaler · 28
Weißmaler · 30
Im Bamberger Dom · 31
Giorgio de Chirico · 32
Das Sinnliche das Abstrakteste … · 34
Der Bildhauer sagt · 35

Geisterbahn mit lebenden Gespenstern

Herbst-Schock · 39
Lokalisierung · 40

Finale · 41
Bibliothek im Abendlicht 1 · 42
Jüngstes Gericht · 43
Kassiopeia legt den Finger auf die Lippen · 44
Geisterbahn mit lebenden Gespenstern · 45
Gunfight at the OK Corral · 46
Bibliothek im Abendlicht 2 · 48
Dunkler Herbstnachmittag · 49
Vielleicht Gold · 50
Nachtregen · 51
Lied in allen Dingen · 52
Novembernacht · 53
Unberührbar · 54

ORANGEN IM ANROLLEN

Orangen im Anrollen · 59

SCHNEEWENDELTREPPE

Nachmittagsvorstellung · 65
Wohnstatt des Geistes · 66
Chapeau claque · 68
Erscheinung · 70
Mond, dunkle Seite · 72
Der schwarze Bleistift · 73
Geheimlehre · 74
Das große Geheimnis · 75

GANZ OHR

Ganz Ohr · 79
Stimme · 80
Skyline mit Blitzen, fünf Uhr morgens · 81

Menschensohn · 82
Strandspaziergang · 86
Biblische Augustnacht · 87
Altbau · 88
Nero singt · 90
Nacht · 91

Glückskekse & Knallbonbons

Glückskekse & Knallbonbons · 95

Ludwig Steinherr in der Lyrikedition 2000

Fresko, vierfach übermalt
Gedichte
ISBN 3-935877-18-8, 104 S., Hardcover, € 19.50

»Ludwig Steinherrs Gedichte sprechen in unaufdringlicher Sprache von Augenblicken des Glücks, vom Erkennen und Erschrecken vor dem Schönen, von der Sehnsucht nach einer Vollkommenheit, die zwischen zwei Lidschlägen verborgen und geborgen ist.«
Hans Dieter Schmidt

Hinter den Worten die Brandung
Gedichte
ISBN 3-935877-96-X, 100 S., Hardcover, € 19.50

»Was ich an Steinherrs Gedichten so besonders schätze, ist ihre Klarheit, ihre Genauigkeit und ihre zuweilen pointierte Lakonie. Steinherr setzt auf die Kraft der Sprache und seine hochartifizielle Fähigkeit, zwischen den Zeilen zu formulieren, erlaubt es dem Leser, in die Verse hineinzuhorchen und nachzuschaffen.«
Eckart Kleßmann

Musikstunde bei Vermeer
Gedichte
ISBN 3-86520-051-6, 100 S., Hardcover, € 19.50

»Keineswegs beliebig hat Steinherr seinen fünften Band ›Musikstunde bei Vermeer‹ genannt. Man darf Steinherr geradezu als einen Schüler Vermeers ansehen. Zum Wesen Vermeers gehört, den einfachen Dingen unseres Alltags durch Anordnung und vor allem durch das Licht und die Klarheit des Kolorits die Aura des Besonderen zu verleihen und auch das Unscheinbarste durch den Glanz der Kostbarkeit zu erhöhen.«
Eckhart Kleßmann

Die Hand im Feuer
Gedichte
ISBN 3-86520-119-9, 112 S., Hardcover, € 22.50

»Er ist einer der wenigen zeitgenössischen Poeten, die mit großer Klarheit und immer wieder überraschenden Bildern die Wunder des Lebendigen befragen und nicht nur, wie es der Poesie nun einmal überwiegend zueigen ist, den dunklen Grund unserer Existenz abschreiten. Es sind die besten Gedichte Steinherrs, die derart Situationen auf Momente zusammendrängen und aus dieser verdichteten Gegenwart ganze Gefühlsräume, Gedankenräume, Zeiträume entstehen lassen.«
Gert Heidenreich

Von Stirn zu Gestirn
Gedichte
ISBN 978-3-86520-268-0, 116 S., Hardcover, € 24.00

»Mit »Von Stirn zu Gestirn« liegt nun bereits das zwölfte seiner Gedichtbücher vor. Steinherr kann auf ansehnliche Literaturpreise zurückblicken, er ist sogar Mitglied der ehrbaren Bayerischen Akademie der Schönen Künste – und doch kennt man ihn viel zu wenig. Noch verzeichnen ihn die einschlägigen Schriftstellerlexika nicht. Höchste Zeit, ihn als einen der eindringlichsten Lyriker der Gegenwart öffentlich wahrzunehmen.«
Wulf Segebrecht, FAZ

Kometenjagd
Gedichte
ISBN 978-3-86906-043-9, 112 S., Paperback, € 12.50

»Ausgereifter Ästhetik ebenso wie gedanklicher Klarheit verpflichtet, sind Steinherrs Gedichte Marksteine verläßlicher Poesie im Dschungel heutiger Lyrikproduktionen.«
Walter Neumann, die horen